Christian Bäck

UNGARN

Christian Bäck

UNGARN

Entdeckungsreise zwischen Donau und Puszta

Texte von Susanne Bäck

rosenheimer

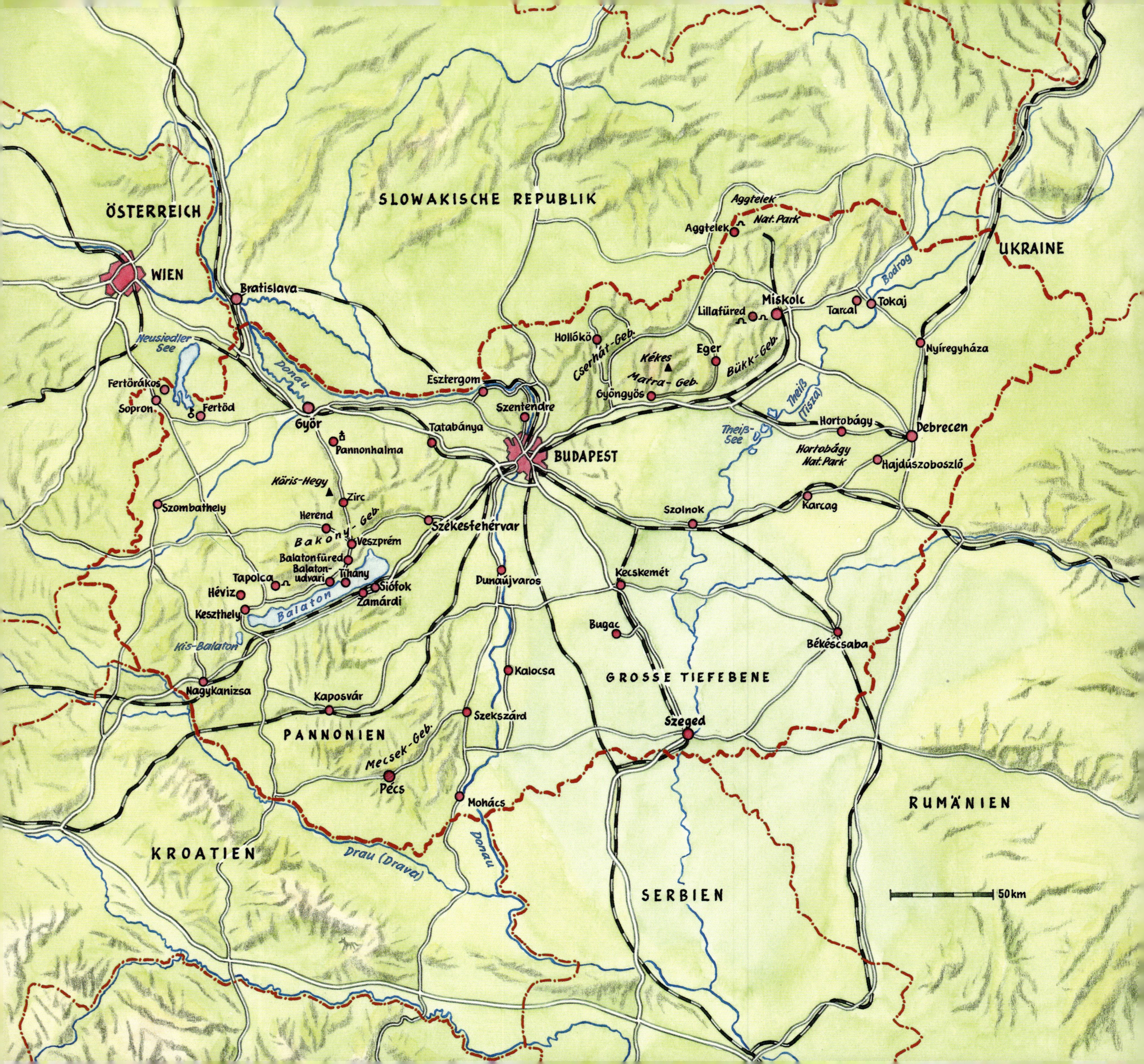
ÖSTERREICH
WIEN
SLOWAKISCHE REPUBLIK
UKRAINE
Bratislava
Neusiedler See
Fertörákos
Sopron
Fertöd
Donau
Győr
Esztergom
Szentendre
Tatabánya
Pannonhalma
BUDAPEST
Aggtelek
Aggtelek Nat. Park
Miskolc
Lillafüred
Hollókö
Cserhát-Geb.
Kékes
Eger
Bükk-Geb.
Matra-Geb.
Gyöngyös
Tarcal
Tokaj
Bodrog
Nyíregyháza
Theiß (Tisza)
Theiß-See
Hortobágy
Hortobágy Nat. Park
Debrecen
Hajdúszoboszló
Karcag
Szolnok
Käris-Hegy
Zirc
Szombathely
Herend
Bakony-Geb.
Veszprém
Székesfehérvar
Balatonfüred
Balaton-udvari
Tihany
Tapolca
Héviz
Siófok
Zamárdi
Balaton
Keszthely
Kis-Balaton
Dunaújvaros
Kecskemét
Bugac
Békéscsaba
Kalocsa
GROSSE TIEFEBENE
Nagykanizsa
Kaposvár
Szekszárd
Szeged
PANNONIEN
Mecsek-Geb.
Pécs
Mohács
RUMÄNIEN
KROATIEN
Drau (Drava)
Donau
SERBIEN
50 km

INHALT

UNGARN

Das Land der Magyaren

»Ich wusste damals noch nicht, dass man in Ungarn mit keinem Menschen bekannt werden kann, ohne von ihm in den ersten Minuten für ein paar Tage, Wochen, Monate, Jahre oder auf Lebenszeit eingeladen zu werden. Noch heute, nach über dreißig Jahren, wundere ich mich, dass ich damals je wieder nach Deutschland zurückgekommen bin. Die Gastfreundschaft war zu überwältigend …« Auch wenn der Roman über das Puszta-Mädchen Piroschka Anfang des 20. Jahrhunderts spielt, herzlich sind die Magyaren noch immer. Selbst heute kann man ihre Gastfreundschaft erleben, wenn man in privaten Unterkünften logiert. Da kann es geschehen, dass man auf ein Glas Wein oder Aprikosenschnaps eingeladen wird, und dann bis spät in die Nacht den Geschichten lauscht, die das Leben schreibt.

Die vielen Thermalquellen locken reichlich Gäste ins Land. Der mit Abstand bekannteste Kurort ist Hévíz am Balaton. Das schwefelhaltige, schwach radioaktive Wasser des natürlichen Thermalsees wirkt äußerst entspannend. Weniger bekannt ist, dass auch in der Großen Tiefebene heilende Quellen sprudeln, z. B. in dem nur wenige Autominuten von Debrecen entfernten Kurzentrum Hajdúszoboszló – ein typisch ungarischer Ortsname, der Ausländern nur holprig über die Lippen kommt. Dort sprudelt das Thermalwasser aus über tausend Metern Tiefe in die künstlich angelegten Badebecken.

Auch kulinarisch ist das Land der Magyaren eine Reise wert: Deftiges Gulasch, würzige Wildplatten, leichte Fischgerichte und süße Leckereien – für jeden Geschmack ist etwas dabei. Schon beim ersten Löffel eines traditionell im Kessel zubereiteten Gulaschs erkennt der Gast staunend, dass dieses Gericht nichts mit dem zu tun hat, was man anderswo unter diesem Namen serviert. Denn in Ungarn ist das »Gylyás« ein Eintopf, während das Ragout aus Fleisch, Zwiebeln und Paprika als »Pörkölt« bezeichnet wird. Die Zubereitung des ungarischen Nationalgerichts ist eine Kunst für sich. Regelmäßig trifft man sich zu Gulasch-Kochwettbewerben, um den Meister dieser hohen Kunst zu ermitteln, so zum Beispiel bei den Hortobágyer Reitertagen, wo die typischen Kessel dicht an dicht auf ihren Dreibeinen stehen. Jede Köchin, jeder Koch hat sein eigenes Rezept mitgebracht.

Morgendliche Ruhe am Balaton

Im Gegensatz zu Gulasch und Pörkölt ist die »Halászlé« genannte Fischsuppe im Ausland kaum bekannt, obwohl sie auch zu den Nationalgerichten zählt. Der Fischreichtum der Gewässer spiegelt sich in den Speisekarten der Restaurants wider. Je nach Region findet man verschiedene Spezialitäten. Am Balaton etwa kann man hervorragend Zander essen. Ob im Blätterteig gebacken oder gedünstet – man sollte sich diese Delikatesse nicht entgehen lassen.

Seitdem Ungarn 2004 in die Europäische Union aufgenommen wurde, rückt das Land immer mehr in das Bewusstsein der Europäer. Wer sich aufmacht, es zu erkunden, erlebt manche Überraschung. Denn unser Ungarnbild ist geprägt von »Piroschka«-Klischees, Pusztaromantik und Operettenseligkeit. Doch die erste Überraschung wartet bereits kurz nach der österreichisch-ungarischen Grenze. Denn anstelle der Puszta empfängt den Reisenden eine liebliche Hügellandschaft. Das ist Pannonien, eine Landschaft mit dichten Wäldern, abgelegenen Dörfern und stolzen Schlössern.

Schon nach ein paar Stunden auf ungarischen Straßen stellt man wiederum verblüfft fest, dass aus dem wagemutigen Reitervolk ein Heer von mindestens genauso waghalsigen Autofahrern hervorgegangen ist. Tempolimits scheinen die Ungarn als Mindestgeschwindigkeiten zu interpretieren. In Ortschaften sind zwanzig Stundenkilometer zuviel auf dem Tacho keine Seltenheit. Wer vorschriftsmäßig fährt, wird gnadenlos überholt. Kurven sind dabei kein Hindernis, denn die magyarischen Autofahrer scheinen den Röntgenblick zu besitzen.

Hat man sich bis in die Innenstadt von Budapest vorgekämpft, wird man schnell feststellen, dass dort die Parkplatzsuche ebenso schwierig ist wie in jeder anderen europäischen Großstadt. Wer aber meint, sein Auto ungestraft in einer Parkverbotszone abstellen zu können, erlebt nicht selten eine böse Überraschung. Denn die ungarische Polizei versteht in dieser Hinsicht keinen Spaß und blockiert die Räder mit einer Parkkralle, bis der Missetäter sein Auto gegen ein saftiges Bußgeld wieder freikauft. Trotzdem wird man am Ende der Reise neben ein paar Flaschen ungarischem Wein und vielen zauberhaften Bildern den festen Vorsatz mit nach Hause nehmen, bald wiederzukommen.

Mystisches Badeerlebnis in den Höhlengängen des Thermalbades von Miskolctapolca.

Hinter majestätischer Fassade versteckt sich das Széchenyi Heil- und Freibad im Stadtwäldchen von Budapest. →

SZÉCHENYI FÜRDŐ

Saftiges Grün durchzieht die Wälder des nordungarischen Bükk-Gebirges im Frühjahr.

Träge fließt die Theiß vor den Toren Tokajs.

Im wildromantischen Szalajka-Tal rauscht das Wasser über die Kaskaden aus Tuffgestein.

← *Die imposante Votivkirche dominiert das malerische Stadtbild von Szeged.*

Hoch über der Donau thront majestätisch der klassizistische Dom von Esztergom.

In den Weinbergen rund um Tokaj reifen die Trauben für den berühmten »König der Weine« heran.

Geschichte zum Anfassen – auf den Straßen der alten Römer spazieren die Besucher durch die Ausgrabungsstätte Tác-Gorsium. →

Bei einbrechender Dunkelheit präsentiert sich das Parlament von seiner schönsten Seite.

BUDAPEST

Pulsierendes Leben am Ufer der Donau

Einen der schönsten Momente erlebt man in Budapest zur Dämmerstunde: Das tiefe Blau der hereinbrechenden Nacht legt sich über die Häuser. In der dunklen Donau spiegeln sich die Lichter der Kettenbrücke wider. Über allem erstrahlt die Budaer Burg. Doch egal zu welcher Tageszeit, schnell fasziniert die ungarische Hauptstadt den Besucher mit ihrem Charme.

Mittlerweile wird Budapest mit Paris und Wien in einem Atemzug genannt und so in den Adelsstand der schönsten europäischen Metropolen erhoben. Von den architektonischen Sehenswürdigkeiten stehen mehr als ein Dutzend auf der Liste des Weltkulturerbes. Hierzu zählen das Burgviertel, die Kettenbrücke, das Parlament, die Prachtstraße Andrássy út und die Millenniumsuntergrundbahn – um nur einige zu nennen.

Das wohl markanteste Bauwerk ist der Budaer Burgpalast im historischen Burgviertel. Erhaben thront er über der Stadt auf einem Felsplateau am rechten Donauufer. Die angenehmste Art, den Burgberg zu erklimmen, ist eine Fahrt mit der Standseilbahn Sikló. Sie ist eine bauliche Meisterleistung aus dem Jahre 1870, denn auf einhundert Metern überwindet sie eine Steigung von nahezu fünfzig Prozent. Das Tempo ist gemächlich, und so bleibt genügend Zeit, um den Ausblick über die Donau auf den Stadtteil Pest zu genießen. Oben angekommen, sind es nur noch wenige Schritte bis zu dem im südlichen Bereich des historischen Burgviertels gelegenen Königspalast. Bereits im 13. Jahrhundert wurde die erste Burg errichtet. An sie erinnert heute nichts mehr, da die kommenden Jahrhunderte unzählige Veränderungen durch Umbauten, Zerstörung und Wiederaufbau brachten. So wurde aus der Burg ein Palast. Die Baustile variierten je nach vorherrschender Mode. Das jetzige neobarocke Erscheinungsbild geht auf die letzte Umgestaltung Ende des 19. Jahrhunderts zurück. Heute beherbergen die alten Gemäuer die Ungarische Nationalgalerie, das Museum für zeitgenössische Kunst und weitere Ausstellungen.

An den Burgpalast schließt die mittelalterliche Oberstadt mit ihren Gassen, Bürgerhäusern und Cafés an. Pferdebespannte Fiaker warten auf ihre Kundschaft, um sie auf eine Rundreise durch die kleinen Straßen mitzunehmen. Der Kutscher, der seine Fahrgäste äußerst galant zu begrüßen weiß, kann so manche Anekdote zum Besten geben. So folgt man den vergnüglichen Erzählungen und holpert an den reizvollen Fassaden aus verschiedenen Epochen vorbei. Das mittelalterliche Flair vermischt sich mit dem unablässigen Klappern der Pferdehufe auf dem Kopfsteinpflaster. Der im Frack gekleidete Kutscher passt perfekt in dieses Bild – es scheint, als wäre die Zeit hier stehen geblieben.

Oft zügelt der Kutscher seine Pferde, um auf versteckte Sehenswürdigkeiten aufmerksam zu machen. So auch auf die gotischen Sitznischen in den Tordurchfahrten, welche früher dem Empfang fremder Dienstboten dienten. Mit einem Wink deutet er auf die Hausnummer neun in der Úri utca. Zuerst sieht man nur ein schönes, wenn auch nicht außergewöhnliches Haus. Doch ein paar Sätze später weiß man, dass sich hier der Zugang zu dem 24 Kilometer langen Höhlensystem im Burgberg verbirgt.

Auf dem Platz der heiligen Dreifaltigkeit zieht das mit farbigen Ziegeln verzierte Dach der Matthiaskirche sofort die Blicke auf sich. Hinter der Kirche spitzt ein bizarres Bauwerk hervor: Die verspielte Fischerbastei, deren sieben Türmchen der Hand eines Zuckerbäckers entsprungen sein könnten. Die Bastei diente nie dem Schutz der Burg, sondern verdankt ihren Namen einzig dem in der Nähe abgehaltenen mittelalterlichen Fischmarkt. Einheimische wie Touristen pilgern hierher, um den überwältigenden Blick über die Donau und die Häuser von Pest zu genießen – ein Geheimtipp bei Nacht, wenn die Stadt erstrahlt und die letzten Kutschen das Viertel verlassen haben!

Zwischen dem bergigen Buda im Westen und dem flachen Pest im Osten zieht sich die Donau wie ein silbernes Band durch die Stadt. Ein ständiges Kommen und Gehen herrscht am Donaukai, wo die Ausflugsdampfer ablegen. Auf einer solchen Sightseeing-Tour mit dem Schiff durchfährt man einige der neun elegant geschwungenen Brücken. Wer dem Aberglauben vertraut, sollte sich dabei schnell etwas wünschen – es wird sicherlich in Erfüllung gehen. Die schönste Brücke ist die 375 Meter lange Kettenbrücke. Sie war bei ihrer Eröffnung im Jahre 1849 die erste feste Verbindung über die Donau. Erst Jahrzehnte später sollten die anderen folgen.

Schon die Herren vergangener Tage wussten die Schönheit der Donau zu schätzen, und so trennen nur wenige Meter das Parlament vom Fluss. Beim Betrachten des Gebäudes fällt sofort die fast hundert Meter hohe Kuppel ins Auge, die den Mittelpunkt des mächtigen Komplexes bildet. Umrahmt wird sie von den reich verzierten Fassaden der beidseitig lang gestreckten Flügel. Kleine Türmchen, verspielte Spitzen, Bögen und Statuen verraten dem Kenner den neogotischen Baustil. Hinter der breit gezogenen Front verbergen sich nicht weniger als 691 Räume, die heute als Amts- und Verhandlungsräume der ungarischen Regierung dienen.

Budapest hält viele Überraschungen für neugierige Besucher bereit. Zu diesen zählt sicherlich die Entdeckung, dass sich Budapest mit dem Titel »Bad Budapest« schmücken dürfte. Aus mehr als 120 Quellen sprudelt das Thermalwasser mit einer Temperatur zwischen 20 und 78 Grad Celsius an die Oberfläche. In den historischen Bädern vereint sich prachtvolle Architektur mit wohltuender Entspannung.

Eines der berühmtesten Bäder ist das Széchenyi-Bad im Stadtwäldchen. Überhaupt hat das Stadtwäldchen viel zu bieten. An ihren freien Tagen strömen die Budapester hierher – egal ob Sommer oder Winter. Der künstlich angelegte See ist das Herz des Parks. Wo im Sommer Ruderboote gemächlich über das Wasser treiben, trifft man sich im Winter zum Schlittschuhlaufen. Ein Blickfang ist die Burg Vajdahunyad auf der kleinen Insel im See. Wie in einem durcheinander geratenen Puzzle vereinen sich in ihr die unterschiedlichsten Stilrichtungen von Baudenkmälern aus ganz Ungarn.

Kaum wegzudenken aus Budapest sind die zahlreichen Kaffeehäuser. Was oft nur mit Wien in Verbindung gebracht wird, hat auch an der Donau flussabwärts lange Tradition. Schon zu Beginn des 20. Jahrhundert gab es über 500 prunkvolle Cafés, in denen sich Künstler, Schriftsteller und Bohemiens trafen. Hier wurde heiß diskutiert, stundenlang gegrübelt und an so manchem Werk geschrieben. Nach der Zerstörung im zweiten Weltkrieg wurden die Kaffeehäuser zwar wieder aufgebaut, sodass es heute an die 600 gibt, aber ihren ursprünglichen Charme haben viele verloren. Nur einige überstanden den Wandel der Zeit. Das wohl bekannteste ist das Café New York. Die hohen Räume sind mit vergoldetem Stuck und schweren Stoffen verziert und verströmen die Eleganz vergangener Tage. Wie eine unsichtbare Wolke liegt der Duft von heißem Kaffee und süßer Konditorware über den gut besetzten Tischen. Zwischen dem Klappern der Teller und Tassen vernimmt man die fremden Laute verschiedener Sprachen der Welt. Ebenso wie das Café New York ist die Konditorei Gerbeaud am Vörösmarty tér in Pest längst kein Geheimtipp mehr. Im wunderschönen Jugendstil-Ambiente gibt es Kaffeespezialitäten und Gebäck, das noch nach Originalrezepten hergestellt wird.

Auf die Frage nach dem Lieblingscafé kann es passieren, dass der Budapester auf die Gassen des historischen Burgviertels verweist. Hier versteckt sich das winzige Café Ruszwurm – ein Paradies für Schleckermäuler und Naschkatzen. Es hat die Größe eines Wohnzimmers und ist der Inbegriff für Gemütlichkeit. Mit etwas Glück ergattert man einen der wenigen Plätze. So verfliegen die Stunden bei selbst gemachter Schokolade und Ruszwurm-Cremé, einer Spezialität des Hauses.

Wem der Großstadttrubel zu viel wird, der steigt in das Auto oder die Bahn Richtung Norden und findet sich nach kurzer Fahrzeit in der Landschaft des Donauknies wieder. Ein beliebtes Ziel ist die Kleinstadt Szentendre. Oft wird sie mit dem Attribut »malerisch« geschmückt. Der Grund offenbart sich in der Innenstadt. Verwinkelte, mit Kopfsteinen gepflasterte Gassen führen die Hügel hinauf, vorbei an liebevoll restaurierten Häusern. Angezogen von ihrem mediterranen Flair haben sich Maler, Bildhauer und Grafiker in einer Künstlerkolonie niedergelassen. Einen Einblick in ihre Arbeiten gewähren die Museen und kleinen Galerien.

Folgt man der Donau stromaufwärts, so erreicht man Esztergom, die einstige Hauptstadt Ungarns und Sitz des Oberhaupts der ungarischen katholischen Kirche. Der berühmteste Sohn der Stadt ist Stephan der Heilige, der erste König und Begründer Ungarns. Die Silhouette Esztergoms wird von ihrem weithin sichtbaren Wahrzeichen, der Basilika, geprägt. Dieses imposante Bauwerk ist die größte Kirche des Landes. Zur ihrer Linken befinden sich die wieder freigelegten Reste des ersten Königspalastes, dessen wichtigste Räume als Museum zugänglich sind.

Eines der Highlights im ungarischen Veranstaltungskalender ist das jährlich stattfindende Formel-1-Rennen auf dem Hungaroring. An den Tagen im August, wo hunderttausende Fans zum »Großen Preis von Ungarn« pilgern, werden selbst in Budapest die freien Betten rar, und die Übernachtungspreise klettern in die Höhe. Über der Strecke liegt dann das ohrenbetäubende Kreischen hochdrehender Rennmotoren. Die besten Piloten der Welt kämpfen um die entscheidenden Hundertstelsekunden. In diesen Tagen rückt Budapest in den Mittelpunkt des Weltinteresses, wenn Millionen Zuschauer in aller Herren Länder vor ihren Bildschirmen zu Hause die Formel-1 verfolgen.

In den restlichen Wochen des Jahres geht es im Gegensatz zu diesem Spektakel eher ruhig zu. Nur das Surren der Gokarts, in denen Nachwuchs- und Hobbyrennfahrer Rennsportatmosphäre schnuppern, liegt in der Luft.

Café Gerbeaud – in stilvoller Kaffeehaus-Atmosphäre dem Genuss feinen Gebäcks erliegen

Wie einem Märchen entsprungen: Die morgendlichen Sonnenstrahlen umspielen die Fischerbastei.

In der Matthiaskirche wurde einst die »Sisi« genannte österreichische Kaiserin Elisabeth gekrönt.

Das Széchenyi-Bad ist mit seinen weitläufigen Wasserlandschaften eines der größten Heilbäder Europas.

Balsam für Körper und Geist – Schachspielen im warmen Thermalwasser.

Bei schönem Wetter öffnet sich das Glasdach des Gellért-Heilbades.

← *Eine kuriose Sammlung sozialistischer Statuen zeigt der Szoborpark. An seinem Eingang grüßen Marx und Engels.*

Bis spät in die Nacht hinein ist der Heldenplatz mit dem Millenniumsdenkmal von Touristen und Einheimischen belebt.

Für die einen muss es »Pik« sein, für die anderen »Herz« – hier werden beide berühmten ungarischen Salamis verkauft.

Die Großmarkthallen beherbergen ein Labyrinth von Ständen. Von getrockneter Paprika, über Knoblauch …

… bis zum frischen Gemüse bekommt man hier alle Zutaten für ein traditionelles ungarisches Gericht.

Die Marmortreppe im Foyer der Ungarischen Staatsoper ist geschaffen für glanzvolle Auftritte.

Prachtvolle Ausstattung vereint mit außergewöhnlicher Akustik – der Aufenthalt im Zuschauerraum ist ein Genuss für Augen und Ohren.

Im Angesicht der gewaltigen Kuppel des Parlaments fühlt man sich plötzlich winzig.

An sitzungsfreien Tagen herrscht gähnende Leere, wo sonst ungarische Parlamentarier hitzige Debatten führen.

Die St.-Stephan-Basilika zählt zu den imposantesten Kirchenbauten des Landes.

Die Große Synagoge ist der Mittelpunkt der jüdischen Gemeinde in Budapest. →

PUSZTA

Von galoppierenden Pferden und einsamen Hirten

Schon der berühmte ungarische Dichter Sándor Petőfi fand schöne Worte für diese in ihrer Kargheit einzigartige Landschaft: »Luftige Spiegelbilder seh ich flimmern, seh zum Schwengelbrunnen schreiten Kleinkumaniens große Rinderherden, hör melodisch ihre Glocken läuten.«

Auf der Suche nach Pusztaromantik fährt man am besten von Budapest Richtung Südosten zur Bugac-Puszta. Da letztere nicht so weit von der Hauptstadt entfernt ist, zieht sie besonders den Strom der Tagesausflügler an. Hat man aber etwas Zeit mitgebracht, so ist ein Ausflug nach Hortobágy sicherlich eindrucksvoller. Hier ist alles noch flacher, noch karger und das Erlebnis Puszta noch intensiver. Doch egal wohin einen der Weg führt, man wird sie finden: die Csikós, die Ziehbrunnen, den endlos weiten Himmel und die Csárdas.

Auf dem Weg zur größten zusammenhängenden Grassteppe Europas, der Hortobágy-Puszta, wird man schon kurz nach Verlassen der Hauptstadt erfahren, was Ebene bedeutet. Für eine Weile fährt man, begleitet von den Bergen des Mátra-Gebirges zur Linken und der Großen Tiefebene zur Rechten, durch zwei Landschaften, die unterschiedlicher kaum sein können. Kein Hügel, keine Bodenwelle stört den Blick zum weit entfernten Horizont. Nachdem man dann den Theiß-See hinter sich gelassen hat, verschwinden selbst die kleinen Felder mit Mais, Raps und Getreide, und karge Steppenvegetation überzieht den harten Boden.

Heute ist es kaum vorstellbar, dass dieses Gebiet einst ein von Auenwäldern überzogenes Sumpfland war. Die Verödung ist Menschenwerk: Ergebnis einer Regulierung der Theiß Ende des 19. Jahrhunderts. In der Folge blieben die jährlichen Überschwemmungen und somit die natürliche Bodendüngung aus, und der Grundwasserspiegel begann sich zu senken. So entstand die einzigartige Salzsteppe, die wir mit dem Begriff Puszta verbinden. Späteren Versuchen, das Land durch künstliche Bewässerung und Düngung wieder landwirtschaftlich nutzbar zu machen, wurden mit der Errichtung des Hortobágy Nationalparks im Jahre 1973 ein Ende bereitet. So blieb die Grassteppe mit ihrer artenreichen Tier- und Pflanzenwelt unverändert erhalten. Aber auch die traditionellen Lebensweisen der Hirten und einige alte Haustierrassen, wie Zackelschafe, Wollschweine oder Graurinder, konnten im Schutz des Parks überdauern. Zu Recht klingt immer etwas Stolz mit, wenn die Ungarn erzählen, dass ihre Puszta 1999 in die Liste des Weltkulturerbes aufgenommen wurde.

Bevor man die ersten Häuser des kleinen Dorfes Hortobágy im Herzen des Nationalparks erreicht, erblickt man zur Rechten die schlanke Silhouette des Ziehbrunnens von Céda. Dann sticht die einzige Erhebung in der Ebene ins Auge: die wunderschön geschwungene Neunbogenbrücke über den Fluss Hortobágy. Auf seinem Wasser treiben kleine Boote mit regungslosen Anglern. Es scheint so, als würden sie die vorbeifahrenden Autos auf der über 170 Jahre alten Brücke überhaupt nicht bemerken.

Die Neunbogenbrücke ist der Mittelpunkt des Brückenmarktes, der hier alljährlich am 23. Oktober, dem ungarischen Nationalfeiertag, stattfindet. Dann bummeln Schaulustige und Kaufwillige zwischen den Ständen, an denen fliegende Händler ihre Ware anbieten. Was einst als Viehmarkt begann, ist nun ein Jahrmarkt für allerlei Nützliches und Nostalgisches: Bodenlange Mäntel aus Schaffell hängen neben kunstvoll geflochtenen Lederpeitschen, Korbwaren stapeln sich zu kleinen Türmen, und Zigeuner verkaufen Töpfe, Felle sowie einfache und billige Kleidungsstücke.

Flimmernd versinkt die Sonne hinter dem Ziehbrunnen von Céda.

Gleich hinter der Brücke liegt das wohl meist besuchte Gebäude des Dorfes, die 300 Jahre alte Hortbágy-Csárda. In den vergangenen Jahrhunderten aßen und nächtigten in der Csárda die Reisenden auf ihren langen, einsamen Wegen durch die Große Tiefebene. Auch heute strömt aus der Küche noch der Duft traditioneller Hirtengerichte und anderer regionaler Spezialitäten. Selbst wenn das eine oder andere Gericht unseren mitteleuropäischen Gaumen seltsam anmutet, satt wird man bestimmt. Denn nichts, so sagt man, betrübt die stolze Seele eines guten ungarischen Wirtes so sehr wie ein Gast, der hungrig von seinem Tisch aufsteht.

Um die Welt der Puszta zu erkunden, gibt es zwei Möglichkeiten. Man kann entweder auf eigene Faust dem Horizont entgegenwandern oder eines der angebotenen Puszta-Programme buchen. Entscheidet man sich für Letzteres, holpert man kurz darauf mit dem Pferdewagen samt einem kundigen Kutscher durch die Weite. Er weiß, wo die Herden der Graurinder, Zackelschafe und Wasserbüffel weiden, und führt sein Gespann mit fast schlafwandlerischer Sicherheit über die Steppe dorthin. Wie in alten Zeiten treiben hier im Nationalpark die Hirten, begleitet von ihren treuen Hunden, die Herden über das Weideland – ein Bild, das man sich kaum wegdenken mag aus der Großen Tiefebene, das aber in den letzten Jahrzehnten selten geworden ist. In der Hortobágy-Puszta jedoch wird diese alte Tradition noch fortgeführt. Bei aller Romantik darf man jedoch nicht vergessen, wie schwer und entbehrungsreich ein solches Leben einst gewesen ist.

Und natürlich fehlen bei einem Puszta-Programm weder die mutigen Csikós noch ihre Pferde. Staub wirbelt unter den galoppierenden Hufen auf, die Lederpeitsche zischt durch die Luft, wagemutig balanciert der Csikó auf dem Rücken des Pferdes. Auf eine Handbewegung legt sich das Tier nieder und verharrt für Minuten regungslos – ein perfektes Zusammenspiel von Pferd und Reiter. Der Höhepunkt jeder Vorführung ist der klassische Puszta-Fünfer, ein Gespann von fünf Pferden, das von einem Csikó, mit je einem Fuß auf den beiden hinteren Pferden stehend, gelenkt wird. Das Kunststück ging aus einer wilden Wiener Zirkusnummer hervor und diente den Hirten als Zeitvertreib während ihrer einsamen Arbeit.

Irgendwann auf dieser Fahrt erkennt man, wie treffend das Gespräch in dem bekannten Roman »Ich denke oft an Piroschka« von Hugo Hartung den Charakter der Puszta beschreibt: »Puszta ist nix«, heißt es dort. »Ja, oben Himmel – unten nix. Und drauf Pferde und Csikosse!« Der einzige Halt, den der umherschweifende Blick findet, sind die Ziehbrunnen mit ihren langen, schwarzen Hebearmen. Noch immer stehen sie über die Große Tiefebene verstreut und sind teilweise sogar noch in Benutzung. Wider Erwarten erfordert es einiges an Kraft und Geschicklichkeit, an einem solchen Brunnen Wasser zu schöpfen. Doch ob praktisch oder nicht – sie sind über die Jahre zu einem unverwechselbaren Symbol für die ungarische Puszta geworden.

Dass die Hortobágy noch weit mehr bietet als nur Grassteppe, kann man auf so mancher Wanderung erfahren. Unversehens enden die Feldwege an einem kleinen Sumpf, einem von Seerosen überzogenen Teich oder an den künstlich angelegten Fischweihern. Diese Feuchtgebiete ziehen unzählige Wasser- und Zugvögel an. Mit ein wenig Glück und einem Fernglas kann man von den dort aufgestellten Beobachtungstürmen Silberreiher, Löffler oder Gänse erspähen. Ein gewaltiger Anblick am Himmel bietet sich im Herbst, wenn mit Einbruch der Dämmerung bis zu 50 000 Kraniche von den abgeernteten Feldern zum Übernachten an die Fischteiche zurückkehren.

Nach so viel Weite und Stille ist ein Abstecher in die nahe gelegene Universitätsstadt Debrecen, die zweitgrößte Stadt Ungarns, eine willkommene Abwechslung. Für geschichtsbewusste Ungarn steht Debrecen für Unabhängigkeit und Freiheit. Während das Land für 150 Jahre unter dem Joch der Türken stand, konnten sich die Debrecener weitgehend ihre Eigenständigkeit bewahren. Und als 1848/49 der Freiheitskampf gegen die katholischen Habsburger entflammte, wurde die Stadt zum Mittelpunkt der Revolution unter Lajos Kossuth. In der Großen Reformierten Kirche am Kálvin tér verlas Kossuth die Unabhängigkeitserklärung Ungarns. Die Kirche wurde zum Wahrzeichen von Debrecen.

Was wäre Ungarn ohne Paprika? Egal ob frisch, getrocknet oder zu feinen Pülverchen gemahlen, die Magyaren sind Meister im Umgang mit diesem Gewürz, dessen Facetten von mild bis feurig scharf reichen. Doch wer glaubt, dass der Duft der Paprikagerichte bereits die hunnischen Reitervölkern in der Steppe gelockt hat, der irrt. Es gibt verschiedene Versionen, wie die Paprika – das rote Gold der Tiefebene – nach Ungarn kam. Märchenhaft ist die Erzählung von der anmutigen Tochter eines Magyaren, die im Harem eines türkischen Sultans gefangen gehalten wurde. Auf der Flucht gelang es ihr, heimlich ein paar Samen einzustecken, die sie in ihrem Garten aussäte. Nach einer anderen Lesart sollen die Ungarn die Pflanze Jahrhunderte später kennen gelernt haben. Erst um 1800, lange nachdem die Paprika aus Südamerika nach Europa kam, sei sie von der ungarischen Küche entdeckt worden.

Die Zentren des Paprikaanbaus sind die Städte Kalocsa und Szeged, in deren Umgebung ideale Wachstumsbedingungen für Paprikastauden herrschen. Im Herbst glühen die Felder vom Rot der reifen Schoten, die dann aufgefädelt auf lange Schnüre an den Häuserwänden in der warmen Sonne trocknen. 1989 wurden durch starke Regenfälle und Hochwasser viele Felder überschwemmt, und so waren die Ungarn gezwungen, ihr Nationalgemüse zu importieren.

In der Mitte der Großen Tiefebene schuf der Mensch vor einigen Jahrzehnten durch die Anstauung des Theiß eine Landschaft, wie sie urtümlicher nicht sein könnte. Es entstand der Theiß-See. Seine ausgedehnten Schilfinseln, die Auenwälder und die wild wuchernden Weidenbüsche bieten ideale Lebensbedingungen für zahlreiche Tier- und Pflanzenarten. Bei einem Ausflug mit dem Boot in das verzweigte Labyrinth des Sees kann es schon vorkommen, dass man einen Seidenreiher aufschreckt, der dann mit weit ausgebreiteten Schwingen auffliegt, oder dass man plötzlich durch ein weißes Blütenmeer aus unzähligen Seerosen gleitet.

Ein mutiger Csikó führt dem Besucher der Hortobágy den legendären Puszta-Fünfer vor.

Weit verstreut stehen die Gehöfte unter dem Himmel der Puszta – nie fehlt der Ziehbrunnen.

Wie zu Großmutters Zeiten wird das Pferd vielerorts noch als Arbeitstier eingesetzt.

Auf dem Hirtentreffen in der Hortobágy-Puszta raucht dieser alte Csikó genüsslich seine Pfeife.

Nur von seinem Hund begleitet zieht dieser Hirte mit seinen Wasserbüffeln über die Grassteppe.

Die Wettkämpfe sind vorüber – in Reih und Glied warten die Csikós auf die Preisverleihung beim Hirtentreffen.

Ungarns Flüsse und Seen sind bekannt für ihren Fischreichtum, das Flüsschen Hortobágy ist keine Ausnahme.

Ruhig liegen die Boote am Theiß-See – trotz Sonnenschein sind die Tage bereits herbstlich kühl. ➜

In Ställen und Freigehegen leben abertausende Gänse.

Ein häufig gesehenes Bild in ungarischen Dörfern – kaum ein Strommast, der nicht von einem Storchenpaar besetzt ist.

Das Graurind zählt zu den alten Haustierrassen der Puszta und wird dort fast das ganze Jahr im Freien gehalten.

Ein geschichtsträchtiger Ort – in der Großen Reformierten Kirche zu Debrecen wurde in der Revolution 1948/49 Ungarns Unabhängigkeit deklariert.

Die rötlich schimmernde Mauer der Burg von Gyula spiegelt sich im Bootsteich. ➜

Im Sommer blühen in der Großen Tiefebene weite Sonnenblumenfelder – ein Meer in Gelb.

Ob Gulyás, Pörkölt oder Paprikás – am besten schmeckt es aus dem Kessel über offenem Feuer.

Sei es als Nachspeise oder nur für zwischendurch, beinahe überall werden Melonen angeboten.

Ein einzelner Baum, verloren in der Weite, behauptet sein Grün auf kargem Steppenboden.

Die letzten Strahlen der Abendsonne tauchen die Bugac-Puszta in faszinierendes Licht. →

Die mächtigen Säulen des Doms von Eger rahmen den Blick auf das ehemalige Lyzeum.

GEBIRGE DES NORDENS

Wo edle Tropfen reifen

Nördlich der Großen Tiefebene liegt das Nordungarische Bergland. Wer direkt von der Puszta hierher fährt, wird erstaunt sein, wie schnell sich das Landschaftsbild ändert. Mit jedem Kilometer scheinen die Berge am Horizont neue, imposante Höhen zu erreichen. Doch der Eindruck täuscht. Bei den Gebirgen des Nordens handelt es sich um sanfte Bergrücken, die von üppigen Wäldern überzogen sind. Deren höchste Erhebung ist der 1015 Meter hohe Kékes im Mátra-Gebirge, zugleich der höchste Berg Ungarns. Weinliebhabern ist das Bergland ein Begriff, denn auf den Hängen in der Umgebung von Tokaj und Eger reifen begehrte Tropfen.

Wo das Mátra- mit dem Bükk-Gebirge zusammentrifft, liegt Eger, das Tor zu Nordungarn. Noch heute spürt man in der barocken Innenstadt den bezaubernden Charme einer Kleinstadt, die sich ihre Ruhe bewahren konnte. Eine steile Gasse führt hinauf zum Burgberg, wo einst eine Schlacht geschlagen wurde von der man noch heute mit Stolz erzählt. Es war im Jahr 1552, als ein türkisches Heer von 80 000 Mann die Stadt belagerte. Auf der anderen Seite der Mauern leisteten nur 2000 mutige Männer und Frauen erbitterten Widerstand, bis die Türken unverrichteter Dinge abzogen. Knapp fünfzig Jahre später kam aber auch Eger, wie das übrige Ungarn, für rund hundert Jahre unter türkische Herrschaft. Aus dieser Zeit stammt das schlanke vierzig Meter hohe Minarett, das nördlichste osmanische Bauwerk in Europa. Von den Burgmauern sind heute nur noch Reste erhalten. Doch der kurze Aufstieg lohnt sich, da man von hier oben einen herrlichen Blick über die Dächer und die Umgebung hat. Bei einem Stadtrundgang fällt sofort die außergewöhnlich große Anzahl an kirchlichen Bauwerken auf. Im Mittelpunkt steht der klassizistische Dom mit dem gegenüberliegenden ehemaligen Lyzeum. Das Erzbischöfliche Palais, die Zisterzienserkirche, die barocke Pfarrkirche St. Antonius sowie das Große Propstpalais zeugen von der tausendjährigen Geschichte Egers als Bischofssitz.

Mehr als für sein barockes Stadtbild steht Eger für seinen berühmten Wein. Übersetzt man den Namen der Stadt ins Deutsche, kommt man auf Erlau, und schon ergibt sich die Begriffsverbindung mit dem »Erlauer Stierblut«, jenem feurigen Rotwein, der weit über die Landesgrenzen hinaus bekannt ist. Aber auch andere ausgezeichnete Rot- und Weißweine reifen an den Hängen des historischen Anbaugebietes. Um sie kennen zu lernen, sollte man hinabgehen in das »Tal der schönen Frauen«. Hier reihen sich jahrhundertealte, in den Fels gehauene Weinkeller aneinander, in denen man die Weine der verschiedenen Winzer verkosten kann. In der angenehmen Kühle zwischen den Fässern kann man genussreiche Stunden verbringen.

Eine vierzig Kilometer lange, serpentinenreiche Straße führt von Eger durch den Bükk-Nationalpark direkt in das östlich gelegene Miskolc. Die farbige Markierung in der Karte kennzeichnet die Strecke als landschaftlich reizvoll. Auf der Fahrt kommt man an wunderschönen Panoramaaussichten über die dicht bewaldeten Bergrücken des Bükk-Gebirges vorbei. Folgt man den ausgeschilderten Wanderwegen durch die dichten Buchen- und Mischwälder, so gibt es Raritäten wie den Frauenschuh oder exotische Orchideenarten zu entdecken, und manchmal zieht sogar ein Adler bedächtig seine Kreise am Himmel. Nur Wildkatzen und Uhus entziehen sich den neugierigen Blicken. Bei Einbruch der Dämmerung erwacht das Leben zwischen den Bäumen, und im Dämmerlicht lassen sich Hirsche, Wildschweine und Rehe beobachten.

Miskolc ist geprägt von der dort angesiedelten Industrie. In der Innenstadt haben sich zwischen Gründerzeit- und Barockhäusern einige schwere Bausünden eingeschlichen, die der Altstadt viel von ihrem Charme nehmen. Doch lohnt die Fahrt des einzigartigen Thermalbads wegen. Das Schwimmbecken wurde um einen natürlichen Felsen herum gebaut, der von wassergefüllten Höhlengängen durchzogen ist. Im Schein der Lampen schwimmt man durch türkisfarbenes, wohltemperiertes Thermalwasser, das schon seit dem Mittelalter für seine heilende Wirkung bekannt ist.

Wer einen Ausflug in die »Unterwelt« wagen will, der kann entweder zur nahe gelegenen István- und Anna-Höhle in den Vorort Lillafüred oder Richtung Norden fahren, wo sich kurz vor der slowakischen Grenze der Nationalpark Aggtelek befindet. Auf den ersten Blick wirkt dieses 200 Millionen Jahre alte Karstgebiet wenig spektakulär. Wälder, Felder, Hügel wechseln sich miteinander ab – doch unter der Erde verbirgt sich ein Labyrinth aus unzähligen Höhlen, deren größte und bekannteste die 24 Kilometer lange Baradla-Höhle ist. Ihr Haupteingang – insgesamt sind es drei – befindet sich im kleinen Dorf Aggtelek. Von dort führt ein gut ausgebauter Weg durch die unterirdische Welt der Tropfsteine. Im Schein des künstlichen Lichts wandert man, fasziniert von den Farben und Formen, zwischen den von der Decke herabhängenden Stalaktiten und den sich vom Boden auftürmenden Stalagmiten hindurch. Einige tragen so fantasievolle Namen wie Fasan, Adler oder Sternwartenturm. Letzterer ist mit seiner Höhe von 25 Metern der größte bekannte Stalagmit der Welt. Seit dem Jahr 1995 steht der Nationalpark Aggtelek auf der Liste des Weltkulturerbes.

Dort liegt auch das kleine Dorf Hollókö, das weiter östlich im Cserhát-Gebirge zu finden ist. Die letzten Kilometer vor dem Ort schlängelt sich die Straße im steten Auf und Ab durch die Hügel des Cserhát. Die ersten Häuser zeigen denselben unauffälligen Baustil, wie er in vielen Dörfern üblich ist. Erst ein paar hundert Meter weiter stößt man auf die ersten traditionellen Paloczenhäuser. Vor einem der ersten Häuser sitzt eine betagte Frau, die Handarbeiten anbietet. Das Zentrum des alten Paloczendorfes bilden an die siebzig Häuser, die trotz einiger Brände seit dem Mittelalter beinahe unverändert erhalten geblieben sind. Eine Kopfsteinpflasterstraße führt vorbei an einfachen Bauernhäusern mit kunstvoll verzierten Holzbalustraden, weiß getünchten Fassaden und den ebenerdigen, aus Feldsteinen erbauten Kellern. Und in den Gärten sieht man oft einen kleinen Brunnen. Hier hat die Moderne noch keine sichtbaren Spuren hinterlassen. Den Mittelpunkt bildet die kleine, schlichte Kirche mit ihrem dunklen Holzturm. Vierhundert Paloczen, Angehörige einer ungarischen Volksgruppe, deren Herkunft bis heute im Dunkeln liegt, leben hier und pflegen stolz ihre überlieferten Traditionen, z. B. die reich verzierte Tracht.

Wenn es Herbst wird, dreht sich im nordungarischen Bergland alles um den Wein. An den Hängen von Eger, Tokaj und den anderen Anbaugebieten beginnt nun die Lese. Auf zahlreichen Weinfesten wird das Ende der Saison gefeiert. Freunde des Tokajers befinden sich in königlicher Gesellschaft. »König der Weine und Wein der Könige!«, soll Ludwig XIV. beim ersten Schluck ausgerufen haben, und auch sonst rankt sich so manche Legende um diesen Wein. So wurde er einst als Medizin gegen Blutarmut und Appetitlosigkeit verschrieben oder gar als Quell ewiger Jugend und Schönheit gepriesen. Die Reben gedeihen auf den fruchtbaren vulkanischen Böden der sonnigen und windgeschützten Hänge in und um Tokaj. Die Trauben werden erst im November gelesen, wenn sie von der Edelfäule befallen sind und sich ihr Säuregehalt verringert hat. Der Wein lagert in den mit Edelschimmel bewachsenen Kellern unter den Weinbergen Tokajs, bis die gewünschte Fassreife erreicht ist. So entsteht der berühmte »Tokajer Aszú«. Der bekannteste Weinkeller ist der 700 Jahre alte Rákóczi-Keller. In seinen eineinhalb Kilometer langen Gängen lagern die hölzernen Fässer mit dem edlen Inhalt.

Die Umgebung von Tokaj ist geprägt vom Weinanbau. Hier am Fuß der Tokajer Berge, wo sich die Bodrog und die breite, träge Theiß zu einem Strom vereinen, finden die Rebstöcke optimale Bedingungen. Auf einer knapp zweistündigen Wanderung zum Dorf Tarcal bekommt man einen Eindruck von dieser sanften Gegend mit den endlos aneinander gereihten Weinstöcken. Und wie es sich für eine Stadt in den Bergen gehört, hat Tokaj auch einen Hausberg – den 512 Meter hohen Tokaji-hegy. Steht der Wanderer auf seinem Gipfel, liegen ihm Tokaj und seine Umgebung zu Füßen.

Der Kirchturm von Tolcsva, umgeben von der für Nordungarn so typischen Hügellandschaft.

Schon die alten Magyaren errichteten dort, wo heute die Burg Diósgyör thront, eine Festung.

Hoch über dem Paloczendorf Hollókö bietet die Burgruine wunderschöne Ausblicke. →

Die farbenfrohe Frauentracht der Paloczen besteht aus vielen kurzen Röcken und einer Bluse mit weiten Ärmeln.

Die Tracht wird auch heute noch selbstbewusst und fröhlich zu besonderen Anlässen getragen.

Von den Frauen werden die berühmten Hollóköer Puppen noch in Handarbeit gefertigt.

Die Bewohner verleihen dem Museumsdorf seinen lebendigen und einzigartigen Charakter.

← Die gute Stube im liebevoll gepflegten Dorfmuseum zeigt die typische Einrichtung vergangener Tage.

Den Mittelpunkt des Dorfes bildet die Kirche mit dem schlichten Holzturm.

Dicht an dicht lagern die Weinfässer in den Gängen des historischen Rákóczi-Kellers in Tokaj.

An den windgeschützten Hängen gedeihen die Trauben bis in den späten Herbst hinein. →

Im unterirdischen See der Baradla-Höhle spiegeln sich die eiszapfenförmig von der Decke hängenden Stalaktiten. ➜

Die eigentlichen Herrscher über die Höhlen im Nationalpark Aggtelek sind die Fledermäuse.

Dieses bizarre Gebilde in der Imre-Vass-Höhle wird »Orangefarbener Wasserfall« genannt.

PANNONIEN

Poesie einer Landschaft

Ob man über Österreich oder über Tschechien anreist, Pannonien ist das »Tor zu Ungarn«. Der Weg führt fast unweigerlich durch diese westungarische Region, die oft auch als Transdanubien bezeichnet wird. Gleich hinter der Grenze öffnet sich der Blick auf eine liebliche Hügellandschaft. Felder mit Getreide, Raps und Sonnenblumen wechseln einander ab. Dazwischen blitzen ab und an die kleinen Türme der Schlösser, Burgen oder Kirchen hervor. Bei allem Liebreiz fehlt Pannonien das Außergewöhnliche, und so fahren viele weiter Richtung Balaton, Budapest oder Große Ungarische Tiefebene. In wenigen Stunden durchqueren sie eine Region, die fast die Hälfte Ungarns einnimmt. Von der österreichischen Grenze erstreckt sich Pannonien bis zu den Ufern der Donau im Norden und Osten sowie bis nach Kroatien im Süden.

Nur wenige Kilometer sind es vom Grenzübergang, bis zur Rechten die Dächer von Sopron zwischen den Hügeln auftauchen. Schon von weitem ist der Feuerturm, das knapp sechzig Meter hohe Wahrzeichen der Stadt, zu erkennen. Dessen Aussichtsplattform bietet einen ersten Überblick über das innerhalb der Stadtmauern gelegene Burgviertel, bevor man hinabsteigt, um in das Labyrinth verwinkelter, kopfsteingepflasterter Gassen einzutauchen. Im Süden überragen die Türme der Ziegenkirche die umliegenden Dächer. Ihr ungewöhnlicher Name geht auf eine Legende zurück, nach der an dieser Stelle ein Goldschatz von einer Ziege frei gescharrt wurde, aus dem der Bau der Kirche finanziert wurde.

Bei einem Bummel durch den Altstadtkern kann man die weit zurückreichende Geschichte förmlich spüren. Dank ihrer abseitigen Lage haben die Kriege der Vergangenheit kaum Spuren hinterlassen. So können die Einwohner auf rund 240 denkmalgeschützte Gebäude blicken, die das gemütliche Flair Soprons ausmachen. Dass heute in den Gassen Ungarisch gesprochen wird, haben die Soproner selbst entschieden. Denn während sich nach dem Friedensvertrag von Trianon im Jahre 1921 die burgenländischen Gebiete in einem Volksentscheid für Österreich entschieden, optierten die Soproner für Ungarn. Zum Dank stiftete die Budapester Regierung das reich verzierte Treuetor im Feuerturm.

Eine alte Windmühle steht verlassen nahe Tés.

Auf der Fahrt Richtung Neusiedler See läuft die Hügellandschaft in die Kleine Tiefebene aus. Schon lange bevor man den See erblickt, fällt der breite Schilfgürtel ins Auge. Folgt man hinter der lang gezogenen Ortschaft Fertőrákos den Schildern zum Strandbad – übrigens die einzige Badestelle auf der ungarischen Seite –, bekommt man eine Ahnung vom Ausmaß des Schilfs. Über mehrere Kilometer führt die gerade Strecke durch das undurchdringliche Grün – ein wahres Paradies für Vögel. Von dem über dreihundert Quadratkilometer großen Neusiedler See gehört nur ein Bruchteil zu Ungarn, während der Rest auf österreichischem Gebiet liegt. Dieser einzige Steppensee Mitteleuropas gehört nicht nur zum Nationalpark Fertőrákos, sondern auch zum UNESCO Weltkulturerbe.

Verträumt schlängelt sich die Straße nach Fertőd durch die Weinreben, die sich in langen Reihen vom Schilf bis weit in die Hügellandschaft hinein ziehen. Fertőd wäre ein Dorf wie viele andere auch, wäre da nicht ein Schloss, das einen wahren Besucherstrom auslöst. Hinter einem kunstvoll geschmiedeten Tor verbirgt sich das »Ungarische Versailles«, das die einflussreiche Adelsfamilie Esterházy im späten 17. Jahrhundert erbauen ließ. Einst war es Treffpunkt des europäischen Hochadels. Und wie bei Barockfürsten so üblich, leisteten sich die Esterházys ein eigenes Theaterensemble sowie ein komplettes Orchester samt Hofkapellmeister. Dies war kein Geringerer als der berühmte Komponist Joseph Haydn.

Rund tausend Jahre ist es her, seit die Benediktinererzabtei von Pannonhalma auf dem St.-Martinsberg, dem einstigen heiligen Berg der römischen Provinz Pannonia, erbaut wurde. Schon von weitem erkennt man die Umrisse des Klosters, das die umliegenden Hügel und Täler überragt. Es spielte eine entscheidende Rolle bei der Christianisierung der nomadisierenden magyarischen Stämme, die unter König Stephan I. dem Heiligen sesshaft und national geeint wurden. Hinter seinen Mauern verbirgt sich eine der reichsten Klosterbibliotheken Europas, die rund 350 000 wertvolle Bände besitzt.

Fährt man weiter Richtung Balaton, so erreicht man bald die ersten Ausläufer des Bakony-Gebirges. Diese waldreiche Gegend zieht vornehmlich Wanderer, Radfahrer und Jäger an. Veszprém und Herend sind die bedeutendsten Städte. Erstere wird auch die »Stadt der Königinnen« genannt, da die hiesigen Bischöfe dort einst die neuen Landesherrinnen krönten. Neben dem auf einem Dolomitfelsen gelegenen Burgviertel samt Bischofpalais verdienen die Franziskanerkirche und der Sankt Michaelsdom die Aufmerksamkeit des Besuchers.

Herend hingegen verdankt seinen Ruhm der gleichnamigen Porzellanmanufaktur. Seit über 170 Jahren wird hier handgeformtes und handbemaltes Porzellan gefertigt, das bereits die Tafeln von Königin Victoria oder des Sultans von Brunei schmücken durfte.

Weiter südwärts, auf der anderen Seite des Balatons, schmiegt sich die Stadt Pécs an die Hänge des Mecsek-Gebirges. Wenn Ungarn unter einer dicken Wolkendecke liegt, hat man dort immer noch Chancen auf Sonne: Volle dreitausend Stunden scheint sie hier im Jahr. In diesem angenehm milden Klima hat die Stadt ihren spezifischen südländischen, fast mediterranen Charme entwickelt. Eines der bedeutendsten Bauwerke ist der alles überragende Dom St. Peter auf dem Dom tér in der nordwestlichen Altstadt, dessen Erscheinungsbild mit den vier Ecktürmen durchaus ungewöhnlich ist. Die römischen Grabkammern des frühchristlichen Friedhofs aus dem 4. Jahrhundert liegen zwar versteckt unter dem Dom tér, sind aber spätestens seit ihrer Aufnahme in das Weltkulturerbe der UNESCO kein Geheimtipp mehr. In knapp zweihundert Jahre währender Arbeit konnten die Archäologen mehrere reich geschmückte Grabkammern freilegen, die heute zum Teil frei zugänglich sind. Ebenso wie das frühchristliche Mausoleum unter der Kapelle steht auch die Grabkammer »Peter und Paul« dem Besucher offen. Steigt man in letztere hinab, so erkennt man auf der dem Eingang gegenüberliegenden Wand das namensgebende, fast unversehrt erhalten gebliebene Bild der Apostel Petrus und Paulus, wie sie auf das Christus-Monogram weisen. Auch die zweite Grabkammer, »Krug« genannt, erhielt ihren Namen aufgrund der an der Nordwand erhalten gebliebenen Wandmalerei.

Von Pécs sind es nur noch wenige Kilometer bis zur Donau. Dort, unweit der kroatischen Grenze, liegt Mohács, ein Name, der sich tief in die Seele der Ungarn eingebrannt hat. Denn vor den Toren dieser Stadt tobte im Jahr 1526 eine erbitterte Schlacht gegen die Türken, die sich zu einem Eroberungsfeldzug gegen das christliche Abendland aufgemacht hatten. Bereits nach eineinhalb Stunden fiel die Entscheidung. Die stolzen, aber weit unterlegenen Magyaren erlitten eine vernichtende Niederlage, und damit begann die rund 150 Jahre währende Türkenherrschaft. Auf dem Schlachtfeld herrscht heute Ruhe, nur die einhundertzwanzig Grabzeichen erinnern an das blutige Drama von damals.

In den kalten Wintermonaten verlaufen sich nur wenig Fremde nach Mohács. Da sind die Einwohner unter sich. Nur Anfang Februar ist alles anders, wenn zehntausende Menschen die Straßen bevölkern und alle Betten in Mohács ausgebucht sind. Es ist die Zeit um den Faschingssonntag. Dann kommen die »Busójarás« mit ihren Kähnen über die Donau und ziehen mit dumpfem Glockengeläut und Schellenrasseln vom Fähranleger zum Hauptplatz. Beim Anblick dieser Gestalten mit ihren langen, zotteligen Fellen und ihren blutrot bemalten Holzmasken mit den abstehenden Hörnern läuft so manchem ein Schauer den Rücken hinunter. So wird gefeiert, getanzt und ein wenig gegruselt bis zum Faschingsdienstag. Dann ist es soweit: Begleitet von einem letzten Tanz um den Scheiterhaufen wird der Fasching in einem Sarg verbrannt. Der Winter ist ausgetrieben.

Ein Besuch zu später Stunde beim »Ungarischen Versailles« – dem Schloss Eszterházy in Fertöd.

Das prächtige Tor lässt den luxuriösen Lebensstil der einstigen Schlossherren erahnen.

Diesen Anblick wird bereits der berühmte Komponist Joseph Haydn als Hofkapellmeister der Esterházys genossen haben.

Im späten Frühjahr steht der Raps in voller Blüte. →

Blick in die Vergangenheit im Freilichtmuseum von Zalaegerszeg.

Über die Landesgrenzen hinaus ist die Bibliothek der Benediktinerabtei in Pannonhalma berühmt.

Viele wertvolle Originaldrucke und Handschriften schlummern in den hohen Regalen.

Im Zentrum von Pécs steht der monumentale Dom St. Peter. An seiner Südfassade wachen die zwölf Apostel.

← *Am Ende des Faschings versammelt sich die Menge auf dem Hauptplatz in Mohács, wo der Faschingssarg verbrannt wird.*

Für mehrere Tage befindet sich Mohács fest in den Händen der »Busójarás« – wilder Gestalten in Holzmasken.

Mit dem ausgelassenen Tanz um den Scheiterhaufen wird nicht nur der Fasching, sondern auch der Winter verabschiedet.

← *In der Werkstatt von A. Englert entstehen die Buscho-Masken noch heute nach alten Vorlagen.*

Während des Buscho-Faschings wird ein buntes Folkloreprogramm geboten.

← *Ein ungewöhnliches Gotteshaus ist die kleine Rundkirche von Öskü.*

Seit dem 12. Jahrhundert trotzt die Burg von Siklós den frostigen Wintern.

BALATON

Das Ungarische Meer

So hat man sich den Balaton nicht vorgestellt: Bei Temperaturen von zehn Grad unter dem Gefrierpunkt ist der See zu einer gewaltigen weißen Ebene erstarrt. Winter am Balaton – was man hier im Sommer suchen muss, gibt es nun im Überfluss: Einsamkeit und Ruhe. Eine Landschaft im Winterschlaf. Bereits in wenigen Monaten wird das Leben zurückkehren an seine Ufer, wenn die sonnenhungrigen Badegäste aus dem In- und Ausland am Plattensee eintreffen. Dann plantschen wieder die Kinder vergnügt im flachen Wasser, lassen Schiffchen segeln, oder versuchen zum hundertsten Mal, den Wasserball unter Wasser zu drücken – Sommerstimmung pur.

Wie ein lang gestreckter Finger teilt der Balaton die Landschaft Pannoniens in eine leicht überschaubare Welt. Zur einen Seite das bergige, von den Ausläufern des Bakony-Gebirges geprägte Nordufer und zur anderen das nur leicht hügelige, beinahe flache Südufer. Egal wo man den Blick über den See schweifen lässt, überall drängt sich zwischen das Blau des Himmels und das des Wassers das gegenüberliegende Ufer. Doch man sollte sich davon nicht täuschen lassen, denn »die größte Badewanne Mitteleuropas« bedeckt eine Fläche von 600 Quadratkilometern, auf der selbst eine Weltstadt wie München bequem zweimal Platz finden würde.

Bei der geringen Tiefe von durchschnittlich drei Metern ist es für die Sonne ein Leichtes, den See so aufzuheizen, dass er bereits im Mai für erste Schwimmübungen taugt. In den folgenden Sommermonaten sind Wassertemperaturen bis zu 26 Grad keine Seltenheit. Besonders reizvoll für Familien ist das seichte Südufer, denn im nur knietiefen Nass können auch die Kleinsten unbesorgt plantschen. Da einem hier das Wasser nach eineinhalb Kilometern immer noch nicht über die Hüfte reicht, zieht es ambitionierte Schwimmer zu den rascher abfallenden Stränden des Nordufers.

Mit den ersten Sonnenstrahlen erwacht der Balaton.

An schönen Tagen, wenn der Wind konstant bläst, gleiten zahlreiche weiße Segel über den blauen See dahin. Dazwischen leuchten die bunten Farbtupfer der Surfer, Kiter und Tretboote. Doch Vorsicht! Von den plötzlich aufziehenden Stürmen, die den sanften See in ein brodelndes Meer mit weißen Schaumkronen verwandeln können, wurde schon manch erfahrener Wassersportler überrascht.

Wo Wasser ist, sind auch Fische. Dies erklärt die merkwürdigen Hochsitze im See, die wie Parkbänke auf Stelzen aussehen. Dort oben sitzen die Angler und werfen ihre Köder aus, und beim Anblick der unzähligen Petrijünger hat man das Gefühl, dass jeder, der eine Angel hat, im Balaton fischt. Doch für die Magyaren ist es ein Stück Lebensgefühl, das zu ihnen gehört wie der Weinkeller oder die Paprika in der Küche.

In den Monaten zwischen Mai und September ist der Ferienort Siófok am Südufer fest in den Händen der Urlauber. Besonders lebhaft wird es an den Wochenenden, wenn sich die Ausflügler aus der Hauptstadt unter die Feriengäste mischen. Die Einwohner von Siófok sind stolz auf ihren Rosengarten, die gepflegten Parks und die Allee mit dem Wäldchen am Aranypart-Ufer. Bei einem Bummel durch die Straßen begegnet man immer wieder dem Namen des berühmtesten Sohnes der Stadt – des Operettenkomponisten Imre Kálmán, der hier 1882 zur Welt kam. Neben zahlreichen Skulpturen erinnern die im Sommer wöchentlich aufgeführten Konzerte an den Mann und seine populären Melodien.

Wie Perlen an einer Schnur reihen sich die Badeorte entlang des Südufers auf. Gleich hinter Zamárdi bietet sich ein wunderschöner Ausblick auf die Halbinsel Tihany. Hier, an der schmalsten Stelle des Balaton, wo das gegenüberliegende

Ufer zum Greifen nah scheint, verkehrt die einzige Autofähre. Doch es lohnt sich durchaus, der Abkürzung zu widerstehen und auf einer Rundfahrt die vielen Gesichter des Sees zu erkunden.

Etwas weiter südlich lernt man den kleinen Bruder des Plattensees, den Kis-Balaton, kennen – in seiner Ruhe ungewohnt und erholsam zugleich. Fast zwei Jahrhunderte lang versuchte man das Feuchtgebiet durch Trockenlegung landwirtschaftlich nutzbar zu machen. Als sich aber die Wasserqualität des Balatons verschlechterte, begann man umzudenken. Renaturierung hieß von nun an die Devise. So sind heute wieder die Vögel die Herrscher über Sumpfwiesen, Tümpel und Weidebrüche. Zu den Vögeln, die dort brüten, wie Silberreiher, Moorenten und andere seltene Arten, gesellen sich im Herbst zahllose Zugvögel.

Die unbestrittene Pilgerstätte für alle Wellness- und Kursuchenden ist der Badeort Hévíz am Nordufer. Im Mittelpunkt des vielseitigen Verwöhnprogramms steht der Thermalsee, der größte Warmwassersee Europas. Für viele Kurgäste ist Hévíz zu einer festen Institution geworden.

Für Kenner berühmter Adelsgeschlechter ist das nahe gelegene Keszthely ein Ort mit Geschichte. Hier residierte für zwei Jahrhunderte die Familie Festetics in einem Schloss, das zu den barocken Kostbarkeiten Ungarns zählt. Hinter der grauen, reich verzierten Fassade verbergen sich über einhundert Zimmer, die sich an Prunk gegenseitig zu überbieten scheinen. Kunstvolle, verschnörkelte Stühle, vergoldete Uhren und weit ausladende Kronleuchter erzählen von luxuriösem Adelsleben und rauschenden Festen.

Etwas weiter nordwärts, im Hinterland des Balaton, liegt die Kleinstadt Tapolca. Neben dem historischen Stadtkern am Mühlenteich, wo sich das Rad der 200-jährigen Wassermühle immer noch dreht, hält sie ein ungewöhnliches Abenteuer für ihre Besucher bereit. Mit einem Boot kann man durch das Höhlenlabyrinth der Teich-Grotte »Tavasbarlang« gleiten. Nach wenigen Ruderschlägen ist man in einer beinahe surrealen unterirdischen Welt und versucht im Schein der Lampen immer tiefer in das filigrane Netz einzudringen. Dabei gilt es manche Herausforderung zu meistern.

An den Hängen der kegelförmigen Basaltberge in der Umgebung der Stadt reifen Trauben der verschiedensten Sorten. Die Weinberge erstrecken sich von Tapolca bis zu den Ufern des Balaton, wo an den langsam ansteigenden Südhängen des Badacsony so beliebte Weißweine wie der Badacsonyer Graue Mönch, Riesling oder Blaustengler gedeihen. Die kegelförmige Silhouette und die flache Bergkuppe des über vierhundert Meter hohen Badacsony zeugen von der einstigen vulkanischen Aktivität in diesem Gebiet.

Bei der Durchfahrt durch das kleine Dorf Balatonudvari überrascht der Anblick des kleinen Friedhofs. Aus dem Gras blitzt das Weiß herzförmiger Grabsteine heraus. Eine Legende erzählt von einem Steinmetz, den der Tod seiner Braut mit unsagbarer Trauer erfüllte. Zum Zeichen seiner Liebe schuf er ein steinernes Herz für ihr Grab. Fortan musste ein neues Herz gehauen werden, wann immer im Dorf ein geliebter Mensch verstarb. So entstand über die Jahre dieser »Herzfriedhof«.

Schon von weitem fallen die beiden Türme der Abteikirche von Tihany ins Auge. An sonnigen Tagen scheint der Strom der Tagesausflügler, die das Wahrzeichen der Halbinsel besichtigen möchten, kaum abzureißen, doch nur wenige verlaufen sich in den Ortskern von Tihany, wo es deshalb wesentlich beschaulicher zugeht.

In Balatonfüred ist man neben den Kureinrichtungen besonders stolz auf den Hafen. Er ist so etwas wie das heimliche Zentrum des ältesten Kurortes am Balaton. Stundenlang sitzt man am Ufer und schaut den Segelbooten beim Ein- und Auslaufen zu, oder man schlendert durch den an die Mole angrenzenden Park. Und ganz nebenbei erfährt man noch von berühmten Kurgästen, die hier Heilung gefunden haben. Denn seitdem der indische Dichter Rabindranath im Jahr 1926 die erste Linde zum Dank für die erfolgreiche Kur pflanzte, hat sich dieser Brauch erhalten.

Nach dieser Entdeckungsreise mit all ihren Impressionen fällt es schwer, das »Ungarische Meer« mit seinen verschiedenen Gesichtern in wenige Worte zu fassen. Aber die wichtigste Eigenart brachte der impressionistische Maler József Egry als bekennender Liebhaber des Sees auf den Punkt: »Der Balaton kennt keinen Alltag.«

Das Klischee vom Ziehbrunnen mag zwar an der Puszta kleben, anzutreffen ist er ebenso am Balaton wie in ganz Ungarn.

Vom gegenüberliegenden Ufer ist nur noch ein schmaler Streifen am Horizont zu erkennen.

Versteckt in den breiten Schilfgürteln liegen die Ruderboote der Angler.

Sobald der Wind auffrischt, heißt es wieder »Leinen los«.

Schon in wenigen Stunden wird das Rauschen der Wellen vom Geschrei planschender Kinder übertönt werden.

Was könnte schöner sein, als auf dem Steg sitzend den Sonnenaufgang am Balaton zu erwarten? →

An der alten Mühle von Örvényes trocknet der Mais.

Die basaltischen Böden des Badascony bringen große Weine hervor.

Mit tiefer Inbrunst entlockt der Geiger seinem Instrument »Monti Csárdas« – dabei vergisst man schon mal das Essen.

Inspiriert von der Landschaft um Keszthely, ließ die Adelsfamilie Festetics hier ihr Schloss erbauen.

Im Sommer finden unterhalb der Burgruine von Sümeg Ritterspiele statt.

Reet als traditioneller Baustoff wird auch heute noch gerne verwendet. ➔

Erstarrt unter einer weißen Schneedecke, wartet der Balaton auf das nächste Frühjahr.

Über eine außergewöhnliche Fußgängerbrücke gelangt man auf die kleine Insel im Kis-Balaton.

Unvergängliche Schönheit am Pantheon von Balatonfüred am Nordufer des Plattensees.

Der seltsame Friedhof von Balatonudvari: Herzgrabsteine schmücken die Ruhestätten der Liebsten. →

Höhlentour einmal anders – der unterirdische See von Tapolca ist mit Kähnen befahrbar.

Besuchen Sie uns im Internet:
www.rosenheimer.com

Lektorat, Seitenlayout und Satz: VerlagsService Dr. Helmut Neuberger & Karl Schaumann GmbH, Heimstetten
Lithografie: Repro Ludwig, Zell am See
Kartenskizze: Sebastian Schrank, München
Druck und Bindung: Printer Trento S.r.l.
Printed in Italy

ISBN 3-475-53682-X